GW01393184

Imparare il Francese:
Proverbi
Modi di Dire

di
Eveline Turelli

Copyright 2015-23 © Eveline Turelli.
Tutti i diritti riservati all'Autrice.
Prima edizione: Ottobre 2015

Imparare il Francese:
Proverbi
Modi di Dire

di
Eveline Turelli

Copyright 2015-23 © Eveline Turelli.
Tutti i diritti riservati all'Autrice.
Prima edizione: Ottobre 2015

La lingua francese conta centinaia di **Proverbes**, tra motti, massime e detti popolari tramandati di generazione in generazione ed entrati ormai a far parte del bagaglio culturale di ogni individuo. Per riferirsi a essi si utilizzano anche i termini *maximes*, *dictons* e *adages*.

Le **Locutions** (o **Expressions**) comprendono invece quelle frasi che, a forza di essere usate comunemente nel linguaggio parlato, sono diventate vere e proprie espressioni idiomatiche.

Nelle pagine seguenti ci divertiremo a impararne più di 150, confrontandoli con i nostri proverbi più famosi e i modi di dire più diffusi.

Proverbi
(Proverbes)

1) À bon entendeur, il ne faut qu'une parole.

À bon entendeur, salut.

A buon intenditor poche parole.

2) À cheval donné on ne regarde pas la denture / la bride.

A caval donato non si guarda in bocca.

3) Aux grands maux, les grands remèdes.

A mali estremi, estremi rimedi.

4) **Aide-toi, le ciel t'aidera.**

Aiutati che Dio ti aiuta.

5) **Au royaume des aveugles, les borgnes sont rois.**

In terra di ciechi, beato chi ha un occhio.

6) **L'occasion fait le larron.**

L'occasione fa l'uomo ladro.

7) **Chacun est l'artisan de sa fortune / de son sorte.**

Ognuno è artefice della propria fortuna / del proprio destino.

8) **Chien qui aboie ne mord pas.**

Can che abbaia non morde.

9) **Comme on fait son lit, on se couche.**

Chi è causa del suo mal pianga se stesso.

Letteralmente: se ti fai il letto, ti ci devi sdraiare.

10) **Il faut battre le fer tant qu'il est chaud.**

Bisogna battere il ferro finché è caldo.

11) **Il n'est pire sourd que celui qui ne veut pas entendre.**

Non c'è peggior sordo di chi non vuol sentire.

12) **Ne remets pas au lendemain ce que tu peux faire le jour même.**

Non rimandare a domani quello che puoi fare oggi.

13) **Il ne faut pas vendre la peau de l'ours avant de l'avoir tué.**

Non dire gatto se non ce l'hai nel sacco.

Letteralmente: non bisogna vendere la pelle dell'orso prima di averlo ucciso.

14) **Faute de grives on mange des merles.**

Chi si accontenta gode.

Letteralmente: in mancanza di tordi, si mangiano merli.

15) **Jamais deux sans trois.**
Un malheur ne vient jamais seul.

Non c'è due senza tre.
I guai non vengono mai soli.

16) **L'appétit vient en mangeant.**

L'appetito vien mangiando.

17) **L'argent n'a pas d'odeur.**

Pecunia non olet.

18) L'enfer est pavé de bonnes intentions.

La strada per l'inferno è lastricata di buone intenzioni.

19) L'erreur est humaine.

Errare humanum est.

20) L'habit ne fait pas le moine.
La robe ne fait pas le médecin.
Il ne faut pas juger les gens sur la mine.

L'apparenza inganna.
L'abito non fa il monaco.

21) L'oisiveté est la mère de tous les vices.

L'ozio è il padre dei vizi.

22) La fin justifie les moyens.

Il fine giustifica i mezzi.

23) **La fortune sourit aux audacieux.**

La fortuna aiuta gli audaci.

24) **La nuit porte conseil.**

La notte porta consiglio.

25) **La parole est d'argent et le silence est d'or.**

La parola è d'argento, il silenzio è d'oro.

26) **La vengeance est un plat qui se mange froid.**

La vendetta è un piatto che va servito freddo.

27) **La véritable amitié se voit dans le malheur. Au besoin on connaît l'ami.**

Gli amici si vedono nel momento del bisogno.

28) **Rome ne s'est pas faite en un jour.**

Roma non fu costruita in un giorno.

29) **Quand le chat n'est pas là, les souris dansent.**

Quando il gatto non c'è, i topi ballano.

30) **Les cordonniers sont toujours les plus mal chaussés.**

La moglie del calzolaio va in giro con le scarpe rotte.

31) **Les paroles s'envolent, les écrits restent.**

Verba volant, scripta manent.

32) **Loin des yeux, loin du cœur.**

Lontano dagli occhi, lontano dal cuore.

33) **Mieux vaut être seul que mal accompagné.**

Meglio soli che male accompagnati.

34) **Mieux vaut prévenir que guérir.**

Meglio prevenire che curare.

35) **Mieux vaut tard que jamais.**

Meglio tardi che mai.

36) **Ne mords pas la main qui te nourrit.**
Ne crache pas dans la soupe.

Non mordere la mano che ti dà da mangiare.
Non sputare nel piatto in cui mangi.

37) **Œil pour œil dent pour dent.**

Occhio per occhio, dente per dente.

38) **On ne peut avoir le beurre et l'argent du beurre.**

Non si può avere la botte piena e la moglie ubriaca.

Letteralmente: non si può avere il burro e i soldi del burro.

39) On voit la paille dans l'œil de son voisin et non la poutre dans le nôtre.

Vedere la pagliuzza nell'occhio altrui, e non la trave nel proprio.

40) Quand on parle du loup, on en voit la queue.

Parli del diavolo e spuntano le corna.

Letteralmente: quando parli del lupo, si vede la coda.

41) Qui cherche trouve.

Chi cerca trova.

42) Qui trop embrasse mal étreint.

Chi troppo vuole nulla stringe.

43) Qui ne dit mot consent.

Chi tace acconsente.

44) **Qui ne risque rien n'a rien.**

Jamais honteux n'eut belle amie.

Chi non risica non rosica.

Letteralmente: il timido non ebbe mai una bella ragazza.

45) **Qui sème le vent, récolte la tempête.**

Chi semina vento, raccoglie tempesta.

46) **Demain il fera jour.**

Domani è un altro giorno.

47) **Celui qui va lentement va sûrement, et celui qui va sûrement va loin.**

Chi va piano va sano e va lontano.

48) **Qui vit par l'épée périra par l'épée.**

Quiconque se sert de l'épée périra par l'épée.

Chi di spada ferisce di spada perisce.

49) **Qui vivra verra.**

Chi vivrà vedrà.

50) **Rira bien qui rira le dernier.**

Ride bene chi ride ultimo.

51) **Tant qu'il y a de la vie, il y a de l'espoir.**

Finché c'è vita c'è speranza.

52) **Tant va la cruche à l'eau qu'à la fin elle se brise / se casse.**

Tanto va la gatta al lardo che ci lascia lo zampino.

Letteralmente: Tanto va la brocca all'acqua che alla fine si rompe.

53) **Tel père, tel fils.**
Bon chien chasse de race.

Tale padre, tale figlio.
La mela non cade mai lontana dall'albero.

54) Tous les chemins mènent à Rome.

Tutte le strade portano a Roma.

55) Tout ce qui brille n'est pas or, (tout ce qui colle n'est pas goudron).

Non è tutto oro quel che luccica (e tutto ciò che incolla non è catrame).

56) Tout est bien qui finit bien.

Tutto è bene quel che finisce bene.

57) Un homme averti en vaut deux.

Uomo avvisato, mezzo salvato.

58) Un tiens vaut mieux que deux tu l'auras.
Il vaut mieux tenir que courir.

Meglio un uovo oggi che una gallina domani.

Letteralmente: meglio un "ecco, tieni!" che due "l'avrai / te lo darò".

59) **Une hirondelle ne fait pas le printemps.**

Una rondine non fa primavera.

60) **Vouloir, c'est pouvoir.**
Quand on veut, on peut.

Volere è potere.

61) **A la Chandeleur, l'hiver se passe ou prend vigueur.**

Quando vien la Candelora de l'inverno semo fora, ma se piove e tira vento ne l'inverno semo drento.

62) **Chose promise, chose due.**

Ogni promessa è debito.

63) **Il ne sert à rien de pleurer sur le lait répandu.**

È inutile piangere sul latte versato.

64) **Un travail bien commandé, est la moitié fait.**

Un travail bien préparé est à moitié terminé.

Chi ben comincia è a metà dell'opera.

65) **A renard endormi, il ne tombe rien dans la gueule.**

Chi dorme non piglia pesci.

Letteralmente: a una volpe addormentata non cade niente in bocca.

66) **On n'est jamais si bien servi que par soi-même.**

Chi fa da sé fa per tre.

67) **Patience et longueur de temps font plus que force ni que rage.**

Chi la dura la vince.

Letteralmente: la pazienza e il trascorrere del tempo fanno più che la forza e la rabbia.

68) Quand on crache en l'air, ça vous retombe sur le nez.

Chi la fa, l'aspetti.

Letteralmente: quando si sputa in aria, ti ricade sul naso (lo sputo).

69) Qui se ressemble s'assemble.

Dio li fa e poi li accoppia.
Chi si assomiglia si piglia.

70) Qui trouve un ami, trouve un trésor.

Chi trova un amico trova un tesoro.

71) Qui va à la chasse perd sa place.

Chi va a Roma perde la poltrona.
Chi va via perde il posto all'osteria.

Letteralmente: chi va a caccia perde il posto.

72) Qui se couche avec des chiens, se lève avec des puces.

Chi va con lo zoppo impara a zoppicare.

Letteralmente: chi si corica con i cani, si alza con le pulci.

73) Dis-moi qui tu fréquentes / hantes, je te dirai qui tu es.

Dimmi con chi vai e ti dirò chi sei.

74) Faire contre mauvaise fortune, bon cœur.

Far buon viso a cattivo gioco.

75) Heureux au jeu, malheureux en amour.

Fortunato al gioco, sfortunato in amore.

76) Dans les petits pots, les meilleurs onguents.

Nella botte piccola c'è il vino buono.

Letteralmente: nei vasetti, le pomate migliori.

77) C'est l'hôpital qui se moque de la charité.

Il bue dice cornuto all'asino.

Letteralmente: è l'ospedale che si prende gioco della beneficenza, della carità.

78) Les mensonges ont de courtes jambes.

Le bugie hanno le gambe corte.

79) L'avenir appartient à ceux qui se lèvent tôt.

Il mattino ha l'oro in bocca.

Letteralmente: il futuro è di quelli che si alzano presto.

80) N'éveillez pas le chat qui dort.

Non svegliare il can che dorme.

81) À quelque chose malheur est bon.
Après la pluie, le beau temps.

Non tutti i mali vengono per nuocere.

82) **Les bons comptes font les bons amis.**

Patti chiari amicizia lunga.

83) **C'est en forgeant qu'on devient forgeron.**

Sbagliando s'impara.
La pratica rende perfetti.

Letteralmente: è forgiando che si diventa fabbri.

84) **Il y a loin de la coupe aux lèvres.**

Tra il dire e il fare c'è di mezzo il mare.

Letteralmente: è lunga la strada tra la tazza e le labbra.

85) **Tous les goûts sont dans la nature.**
Des goûts et des couleurs on ne discute pas.

De gustibus non disputandum est.

86) **Un clou chasse l'autre.**

Chiodo scaccia chiodo.

87) **Le monde est fait comme un degré : l'un le monte, l'autre le descend.**

Il mondo è fatto a scale, c'è chi scende e c'è chi sale.

88) **La nécessité est mère de l'invention / d'industrie.**

La necessità aguzza l'ingegno.

89) **Pas de nouvelles, bonnes nouvelles.**

Nessuna nuova, buona nuova.

90) **Une main lave l'autre.**

Una mano lava l'altra.

91) **L'amour est aveugle.**

L'amore è cieco.

92) **Autre pays, autre coutume.**

À Rome, fais comme les Romains.

Paese che vai, usanza che trovi.

93) **Il faut laver son linge sale en famille.**

I panni sporchi si lavano in famiglia.

94) **L'ignorance de la loi n'excuse personne.**

Nul n'est censé ignorer la loi.

La legge non ammette ignoranza.

95) **Appeler un chat un chat.**

Pane al pane e vino al vino.

Letteralmente: chiamare un gatto gatto.

96) **Chacun tire l'eau à son moulin.**

Ognuno tira l'acqua al suo mulino.

97) **Bon sang ne saurait mentir.**

Buon sangue non mente.

98) **Partir, c'est mourir un peu, mais mourir, c'est partir beaucoup.**

Partire è un po' morire.

99) **Chassez le naturel, il revient au galop.**

Qui a bu boira.

Qui naît poule aime à caqueter.

La caque sent toujours le hareng.

Il lupo perde il pelo ma non il vizio.

Letteralmente: Scacciate l'inclinazione naturale, quella torna indietro al galoppo.

Chi ha bevuto, ri-berrà.

Chi nasce gallina tende a starnazzare.

Il barile puzza sempre di aringhe.

100) **La vertu consiste dans le milieu.**

In medio stat virtus.

101) **Entre l'arbre et l'écorce il ne faut pas mettre le doigt.**

Tra moglie e marito non mettere il dito.

Letteralmente: tra l'albero e la corteccia.

102) **Faute d'un point, Martin perdit son âne.**

Per un punto Martin perse la cappa.

103) **L'herbe est toujours plus verte chez le voisin.**

L'erba del vicino è sempre più verde.

104) **Ne fais pas aux autres ce que tu ne voudrais pas qu'on te fasse.**

Non fare agli altri quel che non vorresti fosse fatto a te.

105) **Pomme du matin éloigne le médecin.**

Una mela al giorno leva il medico di torno.

106) **Mauvaise herbe croît toujours.**

L'erba cattiva non muore mai.

107) **La consolation des malheureux est d'avoir des semblables.**

Au malheureux fait confort avoir compagnie dans son sort.

Mal comune mezzo gaudio.

108) **On ne peut faire d'une buse un épervier.**

Chi nasce tondo non può morire quadrato.
Non si può cavare sangue dalle rape.

Letteralmente: non si può fare di una poiana un falco.

109) **La loi est souvent violée par celui même qui l'a faite.**

Dès que la loi est faite, on cherche la manière de la violer.

Fatta la legge, trovato l'inganno.

110) **Ciel rouge le soir, blanc au matin, c'est la journée du pèlerin.**

Rosso di sera bel tempo si spera.

111) **Il faut rendre à César ce qui appartient à César (et à Dieu, ce qui est à Dieu).**

Date a Cesare quel che è di Cesare.

112) **Qui se loue s'emboue.**

Chi si loda s'imbroda.

113) **La variété ravive les plaisirs.**

Il mondo è bello perché è vario.

114) **L'hôte et le poisson, en trois jours poison.**

L'ospite è come il pesce, dopo tre giorni puzza.

115) **Qui tard arrive mal (se) loge.**

Chi tardi arriva male alloggia.

116) **On revient toujours à ses premières amours.**

Des soupes et des amours, les premières sont les meilleures.

Il primo amore non si scorda mai.

117) **La satiété engendre le dégoût.**

Il troppo stroppia.

118) **Il est des sots de tout pays.**

En tout pays il y a une lieue de mauvais chemin.

Tutto il mondo è paese.

119) **Il n'y a pas de rose sans épines.**

Non c'è rosa senza spine.

120) **On récolte ce que l'on a semé.**

Si raccoglie quello che si semina.

121) **L'exception confirme la règle.**

L'eccezione conferma la regola.

Modi di Dire
(Expressions Idiomatiques)

1) **Faire d'une pierre deux coups.**

Prendere due piccioni con una fava.

Letteralmente: tirare due colpi con una sola pietra.

2) **Il pleut des cordes.**

Piove a catinelle / a secchiate.

3) **Tirer les marrons du feu.**

Togliere le castagne dal fuoco.

4) **De mal en pis.**

Tomber de Charybde en Scylla.

Dalla padella alla brace.

5) **Manger les pissenlits par la racine.**

Essere morto e sepolto.

Letteralmente: mangiare i denti di leone da sotto, dalla radice.

6) **Quand les poules auront des dents.**

Alle calende greche. Quando gli asini voleranno.

Letteralmente: quando le galline avranno i denti.

7) **La goutte d'eau qui fait déborder le vase.**

La goccia che fa traboccare il vaso.

8) **Chercher une aiguille dans une botte de foin.**

Cercare un ago in un pagliaio.

9) **Taper sur le système / le haricot.**

Stare sulle palle / sul cazzo.

Letteralmente: battere, colpire sul fagiolo.

10) **Tourner autour du pot.**

Menare il can per l'aia.

Letteralmente: ruotare attorno al vaso.

11) **Ne pas y aller par quatre chemins.**

Andare al sodo, dritto al punto.

12) **Mettre la charrue avant / devant les bœufs.**

Mettere il carro davanti ai buoi.

13) **Bâtir des Châteaux en Espagne.**

Fare castelli in aria.

Letteralmente: costruire castelli in Spagna.

14) Il y a anguille sous roche.

Qui gatta ci cova. Sento puzza di bruciato.

Letteralmente: c'è un'anguilla sotto il sasso.

15) Reprendre du poil de la bête.

Riprendersi, tornare in forma.

Letteralmente: riprendersi coi peli della bestia, perché si credeva che per guarire da un morso fosse utile applicare il pelo della bestia sulla ferita.

16) C'est bonnet blanc et blanc bonnet.

Se non è zuppa è pan bagnato.

Letteralmente: tappo bianco e bianco tappo.

17) Rendre la monnaie de sa pièce.

Ripagare con la stessa moneta, rendere pan per focaccia.

Letteralmente: rendere la moneta della stessa valuta.

18) **Être comme cul et chemise.**

Essere culo e camicia.

19) **Être né avec une cuiller d'argent dans la bouche.**

Essere nato con la camicia.

Letteralmente: nato con un cucchiaio d'argento in bocca.

20) **Ne pas y aller avec le dos de la cuillère.**

Non andare tanto per il sottile, non avere peli sulla lingua.

Letteralmente: non andare con la parte posteriore del cucchiaio.

21) **Se trouver entre le marteau et l'enclume.**

Trovarsi fra l'incudine e il martello.

22) **Chercher la petite bête.**

Cercare il pelo nell'uovo.

Letteralmente: cercare l'animale piccolo.

23) **La cerise sur le gâteau.**

La ciliegina sulla torta.

24) **Jeter l'éponge.**

Gettare la spugna, arrendersi.

25) **Avoir d'autres chats à fouetter.**

Avere altre gatte da pelare.

26) **Avoir un cadavre dans le placard.**

Avere degli scheletri nell'armadio.

27) **Avoir une épée de Damoclès (suspendue) au-dessus de la tête.**

Avere una spada di Damocle sulla testa.

28) **Jeter l'argent par la fenêtre.**

Scialacquare, sperperare denaro.

Letteralmente: buttare i soldi dalla finestra.

29) **Se noyer dans un verre d'eau.**

Annegare in un bicchier d'acqua.

30) **Tenir la chandelle.**

Reggere il moccolo.

31) **Sauter du coq à l'âne.**

Saltare di palo in frasca.

Letteralmente: dal gallo all'asino.

32) **Vider son sac.**

Vuotare il sacco, confessare.

33) **Les carottes sont cuites.**

Sei nella merda, sei fottuto.

Letteralmente: Le carote sono cotte.

34) **Avoir le cœur sur la main.**

Essere una persona di cuore, essere generosi.

35) **Se marrer / Rire comme un bossu.**

Ridere della grossa, ridere di gusto.

Letteralmente: come un gobbo.

36) **Couper les cheveux en quatre.**

Spaccare il capello in quattro.

37) **En avoir ras-le-bol.**

Averne le palle piene, essere stufo di una cosa.

38) **Avoir un chat dans la gorge.**

Avere la voce rauca.

Letteralmente: avere un gatto in gola.

39) **Avoir les yeux plus gros que le ventre.**

Fare il passo più lungo della gamba.

Letteralmente: avere gli occhi più grandi dello stomaco.

40) **Etre à couteaux tirés.**

Essere ai ferri corti.

41) **Ne pas être dans son assiette.**

Essere fuori forma, fuori fase.

42) **Manger de la vache enragée.**

Fare una vita di stenti.

Letteralmente: mangiare (carne) di mucca pazza.

43) **Avaler des couleuvres.**

Ingoiare il rospo.

Letteralmente: serpenti.

44) **Ne plus savoir où donner de la tête.**

Non sapere dove sbattere la testa.

45) **Se mettre le doigt dans l'œil.**

Sbagliarsi.

Letteralmente: mettersi un dito nell'occhio.

46) **Dormir sur ses deux oreilles.**

Dormire tra due guanciali / su sette guanciali.

47) **Motus et bouche cousue !**

Acqua in bocca! Zitto e mosca!

Letteralmente: Silenzio e bocca cucita.

48) **Prendre ses jambes à son cou.**

Filarsela, scappare a gambe levate.

Letteralmente: mettersi le gambe al collo, simile al nostro "gambe in spalla".

49) **Avoir un coup dans le nez.**

Essere ubriaco.

50) **Mettre l'eau à la bouche.**

Far venire l'acquolina in bocca.

51) **Avoir la main verte.**

Avere il pollice verde.

52) **Avoir l'estomac dans les talons.**

Avere una fame da lupi.

53) **Être pris la main dans le sac.**

Essere colto in flagrante, con le mani nel sacco.

54) **Savoir / Connaître sur le bout du doigt / des doigts.**

A memoria, a menadito, alla perfezione.

Letteralmente: sulla punta delle dita.

55) **Se croire sorti de la cuisse de Jupiter.**

Montarsi la testa, credersi superiore agli altri.

Letteralmente: credersi uscito dalla coscia di Giove.

56) **Ménager la chèvre et le chou.**

Salvare capra e cavoli, tenere il piede in due staffe.

57) **Arriver à bon port.**

Arrivare sani e salvi.

58) **C'est une autre paire de manches.**

È un altro paio di maniche.

59) **Avoir des fourmis dans les membres / les jambes.**

Avere l'argento vivo addosso.

Letteralmente: avere le formiche nelle gambe.

60) **Avoir la partie belle.**

Essere in una posizione di vantaggio, avere il coltello dalla parte del manico.

61) **Être comme l'âne de Buridan.**

Essere come l'asino di Buridano significa essere eternamente indecisi.

(Il filosofo Buridano si inventò che un asino, posto di fronte a due secchi, uno di avena e l'altro di acqua, alla fine morirebbe di stenti perché non saprebbe decidersi tra i due)

62) À bon chat, bon rat.

A buon gatto, buon topo si dice quando hai trovato pane per i tuoi denti. Più in generale significa che possiamo imparare dai nostri avversari, crescere e diventare più forti.

Grazie per aver scelto questo libriccino.
Se ti è stato utile, aiutami con una recensione!

Eveline

Milton Keynes UK
Ingram Content Group UK Ltd.
UKHW020742110724
445512UK00011B/266

9 798210 882875